Wolfgang Mützelfeldt

Brandstellen

Eine Liebe in
Gedichten

⌘

Brandstellen

Ich vermisse Deine Nähe
- nicht immer bei mir -
aber das Gefühl
ständig in mir

Wie groß ist die Entfernung
zwischen Abstand zu Dir
und Nahsein mit mir

Es war ein ständiger Prozeß
einmal
Deine Haut durch meine atmen
dann wieder
Deine Silhouette am Strand

die jetzt wieder
am Horizont verschwindet
während meine Haut
noch brennt
an den Stellen
wo Deine lag

Ende der Eiszeit
(17.September 1975)

"Gerne würde ich
mit dir
schlafen."

Noch niemand
hat das
zu mir
gesagt

Ein warmes
nicht gekanntes
Gefühl
steigt
in mir auf

Es war
als ob die Wellen
des Meeres
die Wüste
erreichen

Immer wieder
über mich hinwegspülen
mich benetzen
mit Feuchtigkeit

die
beim Zurückfließen
am verdurstenden Sand
zurückbleibt

Die heiße Kühle
verdunstet
eh die nächste Welle
kommt

Zerbrechlich
unendlich zerbrechlich
erscheint mir
die Nacht

Frauen

Du bist
eine mystische Frau

jenseits
der Begreifbarkeit

doch
erfahrbar
wie

die Strahlen
der Sonne

Sieben Jahre danach
(Erinnerungen an den 17.September 1982)

Einen Sommer
verbracht
mit Trauer und Schmerz

Du
lädst mich
zum Essen ein

fragst mich
ob ich
mit dir
schlafen will

ob ich
der Vater
Deines Kindes sein will

ob ich
Dein Liebhaber
Freund
und Mann
sein will

Es war
wie nach einem Gewitter

Schon früher
im Schein der Blitze
war
die Schönheit
eines Lebens mit Dir
am Horizont
aufgetaucht

Im Morgengrauen
der Weg

Ein Jahr später

Wohl
zu schnell
bin ich gegangen

Meine Kleider
hängen in Deinem Schrank

Ich wollte
keinen Schutz
mehr
vor mir

Wo bleibe ich
mit meiner Sehnsucht
zu Dir

Erinnerungen
an die Zukunft

Offenheit
reißt Mauern ein

Nähe
läßt mich
mich ergeben
und die Düfte Deiner Haut
daß was Atmung ist erleben

Wenn
das Fallen
des Bewußtseins
sich mit Zärtlichkeit
vermischt

Wenn
der Rhythmus
Deiner Weichheit
wird in meinem Blut
zur Gischt

Steig ich
fallend
auf zu mir

lange
doch zu kurz
bei Dir

ohne
meinen Kopf
und Willen
den jahrzehntelangen Durst

jetzt
an Deiner Brust
zu stillen

Tagträume

Immer
wenn ich
so weit weg bin
von Dir

und Du
so weit weg
von mir

fühle ich
was ich
erleben könnte
mit Dir

Warum
können wir
diesem Gefühl
nicht zum Leben
verhelfen

Halbschlafgedanken
im Trennungsschmerz

Wie
erträgst du
meinen Schmerz meine Trauer
die ich kaum
ertragen
kann

Es war
keine Träne
in deinem Gesicht
denn das Bild weinte
und nicht ich
der Dich
liebt

Wie groß
muß dein Kinderschmerz
sein
daß soviel Trauer
Dich fast
ungerührt läßt

Wie groß
deine Wut
mit der du immer wieder
das Bild errichtest
das die Steine
treffen

Was
haben sie
dem kleinen, frischen
lebendig von den
Zahnlückenfotos
strahlenden Mädchen
getan

Es tut mir weh

Ich liebe Dich
auch wenn jetzt nur
der Teil von Dir
sichtbar ist
für den
ich
das Bild nicht mehr
sein wollte

Wieviel
Schmerz und Trauer
muß gewogen
werden
bis
unsere Wunden
verheilen

Wann
wirst Du
die zerschlagenen Bilder
liegenlassen
und
auf die Menschen
sehen
wie sie Dich
lieben

Wann
werden wir
uns gestatten
die versunkenen Bedürfnisse
zu heben
statt mit der Wut

den Schmerz unserer
Versagungen
zu bekämpfen

Wieviel
Leben brauchen wir
wo wir
doch nur dieses eine
leben können

Wieviel
Nachsicht müssen wir
mit uns üben
um mit einem
Leben
wirklich noch zu leben

Wieviel Nähe
um den immer wiederkehrenden
Durst
zu stillen

Wieviel Haut
um die hautlose Zeit zu
vergessen

Wieviel Vertrauen
um die Brüche zu heilen

Wieviel Verstehen
um das Unverständliche zu
entziffern

Wieviel Achtung
um sich und sein Selbst
wieder zu beachten

Wieviel Übel
haben wir genommen
um soviel übelzunehmen

Wieviel Vergangenheit
leben
um Zukunft zu haben

Wie schön
muß Leben sein
dass es
unter dem Gewicht
dieser Fragen
hervorkommen
und jetzt
zu leben beginnt

Zärtlichkeit
ist das tiefste Gefühl

Ich erinnere mich
an die Zeit
da waren wir
offen und weich
feucht und warm
und nachts
wenn einer aufwachte
rückte er an den anderen
und schlief bei ihm
fast
ohne ihn zu wecken

Die Angst hat uns
immer wieder
eingeholt

Fragen
für Dich und für mich
(im eindimenionalen Raum Deines Briefes)

Unfähig
zu was
schuldig
wofür
Angst
wovor
Kampf
um was

Knoten
zerstört man
mit einem Schlag
auch Lebensfäden lassen sich
spinnen
aus entwirrten Knäulen

Wie groß
müssen die Qualen von
Gedanken werden
bis wir durch Taten
ihre Wirklichkeit erfahren

Wieviel Abziehbilder
der Illusion müssen gestapelt
werden
bis wir merken
sie kleben
immer
auf der gleichen Folie

Mehr Irrtümer
als täglich

mehr Freude
als wir in uns tragen

höher
als die zigfache Verliebtheit

tiefer
als das Tabletten-Koma

Welches Leben ist das
Welche Erfahrung
brauchst Du
noch

Leben

findet in unseren Körpern
statt
ist nicht
der Tanz um die Hülle
der Vergangenheit

Wessen Liebe
willst Du jetzt gewinnen
Höllenängste
stehst Du dafür aus

Versagenden Beinen
den Dienst aufzuzwingen
muß das nicht Angst machen
Sie könnten jeden Moment
den Fall in die Tiefe
einleiten

Am Horizont
erscheint das Zeichen

Leistung

Doch
die unbeantwortete Frage
"Wofür"
stellt sich wieder erst
nach ihrer Vollbringung

Sie ist
das Janusgesicht
einer unlösbaren Aufgabe
Leistung gleich Liebe
Angst gleich Schwäche

Angst
als Wegweiser
greift sie in die Beine
oder
an die Kehle
um den Körper zu teilen

Soll ich

darüber nachdenken
wie du
warst

statt
Dich
erleben

Liebe und Recht?

Der Liebe gerecht werden
ist das nicht der Versuch
dem Feuer mit Wasser
gerecht zu werden

Gerechte Liebe ?

Ungerechte Liebe ?

Gerichtete Liebe ?

Tote Liebe !?

Gerechtigkeit bedingt die Maße
Meßlatten für Liebe ?
in Einheiten zerteilt
verglichen und bewertet?

Supermarkt
verformt
Menschen
nach Gebrauch
wandern die Hüllen

in Krankenhäuser, Kneipen und
auf die Müllkippen der
Geschäftsinhaber
ob Dealer oder Therapeut

Angst und Schwäche
befällt mich

allein
kann ich
dem Drachen nicht entkommen

Gummizellen

(Ich kann machen was ich will. Es ändert sich
nichts. Deine Liebe ist wie eine Gummizelle",
schriebst Du)

Ja
Angst, Kampf und Qual
auch das waren
immer wieder Gefühle
unserer Gemeinsamkeit

"... und wie tief
man graben muß
bis der Acker
Milch gibt und Honig" *(Erich Fried)*

Wir sind den Quellen
immer näher gekommen
manchmal
haben wir an ihnen gesessen

Dieses ist die Wirkweise
der Gummizelle:

Wenn ich dem Vater ähnlich bin
nach der Mutter rufen

Wenn der Geliebte da ist
den Abstand wahren

Wenn Nähe verbindet
den Schmerz in Flucht auflösen

Mit dem Verlangen nach Autonomie
die Bedürfnisse des Kindes abwehren

Mit dem Verlangen nach Mutterliebe
die Hand des Partners zurückweisen

Sehnsucht nach Nähe
als Klammern verstehen

Bonn, 10. Oktober
auf der
Friedensdemonstration
Wir waren
uns
sehr nah

Doch hätte ich dich
abhalten können
- auf der Suche nach dem Glück -
von Deinem Flug
zur nächsten „großen Liebe"

Ich hätte es gerne getan !

Abbruch der Gummizellen

Hier beginnt die Liebe
endet der Kampf

"Der Sand ist nicht zu verändern
Er ist nur zu bewässern
Die Quelle
bist immer nur Du selbst
mit einer armlangen Wirkweite"
(Hugo Kükelhaus)

Doch
bis auf Armlänge
müssen wir uns schon nähern
um voneinander
trinken zu können

Einheit der Gegensätze I

Hilfe
ich brauche Liebe
Ich verhungere
ich verdurste
ich vertrockne

Mein Herz blutet
der Schmerz reißt in mir
Warum soviel Qual
wo doch Liebe möglich wäre

Manchmal glaube ich
wir haben uns
unter dem Zeichen der Freiheit
tiefe Verletzungen zugefügt

Stark und selbständig
wollten wir erscheinen
wo wir schwach
und hilfsbedürftig waren

An die Hand
hätten wir uns
nehmen sollen

Einheit der Gegensätze II

Freiheit
ist nicht die Fähigkeit
zu immer größerer Unabhängigkeit
Dies ist ein Irrtum
ein Verstoß
gegen

Die Nähe
Das Vertrauen
Die Geborgenheit
Die Zärtlichkeit
und
Das Verstehen

gegen das Bedürfnis
nach
Neuem und Altem
entdecken und bewahren
aufbrechen und stehenbleiben

Der Irrtum verletzt
uns
bricht
die Einheit der Gegensätze

Schwerter zu Pflugscharen

Nachdem der Kampf zu Ende
stand ich
zwischen meinem Leid
und weinte

Die geschlagenen Wunden
sind tief

Die Tränen und der Stolz
verdecken den Blick
auf die Waffen
die immer noch
herumliegen
und
an meinem Gürtel hängen

Erst neu geschmiedet
wird mit der alten Form
die Angst entweichen

Hilflos stehe ich
vor der verseuchten Menschlichkeit
in mir
krank
vom Denken mit dem Kopf

Wo wird Hilfe sein

Glück

zu: "Wieviel Steine geschluckt werden
müssen als Strafe für Glück" (Erich Fried)

Wieviel Steine
haben wir geschluckt
den Abglanz des Glücks
zu erheischen
als wir noch nicht wußten
und noch keine Vergangenheit
hatten

Wie verschüttet
sind seine Quellen
in uns
wieviel Arbeit erwartet uns
auf dem Weg
des Wiederfindens

Vielleicht
gelingt es
mir
nie ganz

Aber
der Weg dorthin
ist schön
auch wenn die Steine
meiner Kindheit
mich immer wieder stolpern
und fallen lassen

Auch das Heilen der Wunden
ist schön
es zeigt
daß die Kraft
noch in mir
ist

Fegefeuer

Nachdem
ich fünf Wochen
verbrannt
bin

Deine Stimme
am Telefon

Dein Gesicht
an der Reling

Dein Geruch
in meiner Nase

Ich war
weich und verletzlich
offen und bereit

Gerne
denke ich daran

Es macht mich
wieder
so

Sehnsucht

Das Loch
in meinem Bauch
dürstend nach Nähe
läuft
scharf umrandet
in schmerzlosem Schmerz
strahlenförmig
in mir
aus

Paradox

Manchmal
muß
ich
gehen

um
bleiben
zu können

Einsam

Einsam sind die Stunden
zwischen Tag
und träumen

Wo meine Hände
Deinen Körper
suchen

meine Ohren
Deinen Atemzug

meine Nase
den Geruch
Deines Kopfkissens

mein Bauch
die weiche Haut
Deines Rückens

meine Gedanken
Deine Worte
vom Tag

Da brennt eine Stelle
in mir
Das bist Du

Hypothese

Was wäre
wenn Du tot wärest

Ich wäre
unendlich traurig

und müßte
unser ungelebtes
Leben
hinnehmen

Du lebst

Die Hoffnung
ist schwer
aufzugeben

Brandstellen

Ich vermisse Deine Nähe
- nicht immer bei mir -
aber das Gefühl ihrer
ständig in mir

Wie groß ist die Entfernung
zwischen Abstand zu Dir
und Nahsein mit mir

Es war wohl ein ständiger Prozeß
einmal
Deine Haut durch meine atmen
dann wieder
Deine Silhouette am Strand

die jetzt wieder
am Horizont verschwindet
während meine Haut
noch brennt
an den Stellen
wo Deine lag

Sommerabend

Acht Jahre
nach dem ersten Kuß

Dich sehen
wie du bist

Dich lassen
wie Du bist

Dich ansehen
wie Du bist

Dein Verliebtsein
in einen anderen Mann
nicht als Bedrohung
sondern als dich
erleben

Nicht ergründen
wollen

Mich freuen
an Deinem Anblick
Mich zärtlich
in Dein Haar vergraben

Deinen Kopf
an meiner Schulter spüren
Deinen zarten Kuß
auf meiner Wange
Die Berührung unserer Finger
ineinander

Mich freuen
an Deinem Wachstum
ohne das
ich
nicht so wäre
wie
ich jetzt bin

Deine Nähe genießen
und Deine Autonomie
respektieren
beim Wunsch nach Alleinsein

Abschied
ohne Schmerz
mit dem Gefühl schöner Wärme
und
dem Bewußtsein
eines geliebten Menschen

Gedankenlauf
ohne Denken

Oldenburg
ich, Du
Wir

wann ?
vielleicht
immer ?

ohne
alles

mit
uns

Verwirrte Traurigkeit

Einen Tag
in der Stadt
an der mein Herz
hängt

wo Du lebst
an der mein Herz
hängt

Dich sehen
mit einem Stück
meiner Seele

in unserer
nun Deiner
nicht mehr
meiner
Wohnung
die mein erstes Zuhause war

Ich bin traurig

Aber

Du sagst
ich mag dich
und ich höre
Aber

Du sagst
du bist ein lieber Mann
und ich höre
Aber

Warum
höre ich
nur immer dieses
verdammte Wort

Aber...
Aber...
Aber...

Ist es das Echo
meiner unerfüllten
Bedürfnisse

Bedürfniskollision

Mit dem Bedürfnis
nach dir
Dich
mit ihm
weggehen sehen

brennt im Bauch
kurz
und heftig
nicht sehr schmerzhaft
aber heiß

klingt bald ab
mit dem Gefühl
dich nie zu verlieren

weil
ich Dich
nicht mehr
besitzen muß

Späte Einsicht

Heute
bin ich
so allein

wie
ich es
immer
schon war

Nur
wahrhaben
wollte
ich
es
nie

Näherungen

Auf alten Wegen
Pflanzen mit neuen Blüten
entdecken

Vorsichtig
in der Erinnerung
an scharfe Kanten
die Stellen suchen
wo Steine liegen
müßten

Gemahlen mit Trauer
sind sie
weicher Sand
unter meinen Füßen
weich wie Deine
und meine Haut

Nach Narben tastend
lösen sich
selbst alte Knorpel
in Zärtlichkeit
und vorsichtige Nähe auf

Unsere Liebesbeziehung

Sie ist wie ein Baum
mit Herzen und Zeichen
durch das Wachstum
ihre Formen verändernd
mit tiefen Rissen und Kerben

Geprägt von Versuchen
ihm die Form unserer Bilder
zu geben
Mit Malen der Versuche
ihn zu fällen

Mit zarten grünen Zweigen
am Sommerabend

Einmal könnten wir
daran schaukeln
und mit der Freude von Kindern
die Schwerelosigkeit der Liebe
genießen

Den freien Fall
im Bewußtsein gegenseitiger
Freundschaft
als Teil unserer Wege
akzeptieren

Aufgegeben

Ja
ich liebe dich
bis Du
nicht mehr
bist

Jeder Versuch
Deinen Abdruck
in mir
zu löschen
war
vergeblich

Reißender Schmerz
gab wieder
das Signal

Wärme
im Bauch
des Kranichs
beim Anblick seiner
fliegenden Partnerin
zeigt den Weg

Erleben

Ich erlebe
Dich
ohne Dich
je
kennen zu können

Das ist schön

Schmerzschwelle

Je schöner
die Erlebnisse
je intensiver
die Nähe
mit dir

umso häßlicher
die Maske
die du
mir überstülpst

verkrampft
Dein Gesicht
Deine Hände
Dein Körper

als wolltest du
die Schönheit des Lebens
die Angst
vor Entscheidungen
den Verlust aller möglichen Leben
überdecken
zerstören
mit potenzierter Häßlichkeit

damit
es wieder
so ist
wie ... ?

ja
wie Du
wohl gelernt hast
daß es sei
das Leben

leidvoll
bis...
ja bis...

zum ersehnten
großen
Glück

Hoffnungslos

Die Quelle der Hoffnung
gespeist
aus der Zukunft
verdampft
in der Gegenwart
an den glühenden Schmerzen
Deiner Vergangenheit

Tränen
heiß
wie Lava
treten aus
während auf meiner Zunge
die Worte
"Ich liebe Dich"
am Durst
ersticken

Abends

wenn die Hitze
des Tages
mich verläßt

die eigene Wärme
notwendig

wird mir klar
wie kalt
das Universum
ist

ohne Dich

Du bleibst

die unbekannte
Freundin

die liebevolle
Entfernung

die geliebte
Nähe

die nicht begreifbare
Schönheit
eines Menschen
auf dem Weg

Manchmal

wenn die Sehnsucht
mich nicht mehr
losläßt
und ich
sie
stelle ich mir vor
du wärst
da

Ich
streichle Deine Haare
rieche Deinen Körper
den unverwechselbaren Geruch
Deiner Haut

Deinen weichen Schoß
mit ihrer Sinnlichkeit
und Leidenschaft

Ich wandere
mit meinen Händen
jede Sommersprosse
ertastend

Deinen Hals
Deine Brüste
weich
hinunter

Ich kuschele mich ein

Der Bauch
die Beine
und immer wieder
der Geschmack
Deiner feuchten Lippen

Dein fester Po
weckt
Leidenschaft

Wie Hände
durchstreifen mich
Deine zärtlichen Worte

immer wieder
entdecke ich
dich
neu
bin fasziniert
von diesem Menschen

Trinke aus Dir
bis mich
die Besinnung verläßt

Tauche unter
und ein
in Dich

und genieße es
ein Mensch zu sein

Absage

Auf
der Flamme
meiner Liebe
lasse ich
keine
Zwischenmahlzeiten
kochen

Oft

ist das Gefühl
zu lieben
wie das Licht
einer fernen
Galaxie

Es
wärmt nicht
zeigt aber
der Dunkelheit
ihre Grenzen

Gefühl eines Tages

Mein Leben ging weiter
ohne Dich
nicht ohne Gedanken
an Dich

es war schön
ich habe wieder
einen Tag gelebt

es war traurig
Bilder von Dir
zogen vorbei
und
nicht Du

Es ist
wie sehen mit einem Auge
alles ist da
doch seltsam flach
als verließe der Raum
seine dritte Dimension
die Farben ihren Glanz

Sehe mich um
nach dem
was fehlen könnte

Es ist alles da !

Nur
die tägliche Liebe
das zweite Auge der Seele
wollte sich heute
nicht
öffnen.

Du
warst nicht
an mir
vorbeigekommen

Ein ganzes Leben

Jeder Tag
vergeht
wie ein ganzes Leben

Morgens
mit der Kraft
des Schlafes
offen für die Welt
nähert sich
die Traurigkeit
mit dem Abend

Allein
wenn die Ängste
die Träume treiben
falle ich in einen
schlaflosen Schlaf
ohne mich
hinter deinem Rücken
vor meinen Alpträumen
verstecken zu können

Wintertriebe

Ein warmer Abend
trotz Januarfrost

Zwei strahlenden Augen
trotz Tränen am Vortag

ein weicher Mund
trotz Angst und Wut

Eine zärtliche Hand
zum Geburtstag
bahnt sich ihren
verschlungenen Weg

mit Liebe
in Deinem
schönen Gesicht

Echolot

Das Gefühl
zu lieben
ist unendlich beruhigend

selbst
wenn das Echo
oft nicht zu hören
ist

Angst

Ich
kann tun
was ich will

ich
kann sogar
nichts tun

wenn Du willst
machst Du aus allem
Dein
Angstgespenst

Abschied ?

Ein Stück
nichtgelebtes Leben
hoffnungsloser Hoffnung
Liebe
ohne Antwort

Sehnsucht
dumpfes Brennen
will nicht
enden
weil
ich
nicht enden
will

Immer öfter
bin ich unterwegs
in den Dimensionen
der Unendlichkeit

Wie heimisch fremd
ist mir mein
Leben

wie unwichtig
mein Glück
und
mein Leid
im Gefühl einer Heimat
im Diesseits
des Jenseits

Meine Gefühle
verrücken
immer mehr
verrückt
werde ich
immer alleiniger
und
ein zarter, schmerzhafter Faden
zieht
meine Tränen
ins Gesicht

Schicksal ?

Ich war der Pfahl
in Deinem Leben
An ihm
hast Du
einen Teil
deiner alten Haut
abgescheuert

Nun stehe ich da
mit dem Geruch
der Vergangenheit

Du erhebst Dich
wie

ein entpuppter Schmetterling
und ...

fliegst

davon ?

Lieben

In dieser Welt
zu lieben
ist
als wolle man
eine
verrostete Gartenpforte
öffnen

Inhalt